L'ART DE DÉCIDER

Les bonnes décisions passent par la maîtrise de techniques originales

Jean Pierre Le Mat

TABLE DES MATIÈRES

1 - OÙ EST LE PROBLÈME ?

On ne « voit » pas un problème, on se le <u>représente</u>.
La résolution est liée à une construction, et non à une simple et froide observation des faits. Cela suppose :
- ✓ Une intelligence (observation ; choix des informations ; méthodes de traitement) ;
- ✓ Une culture (culture individuelle, culture d'entreprise, culture nationale) ;
- ✓ Des valeurs (jugements, attirances et phobies, morale, désir).

Comment fonctionnent les décideurs « moyens » ?
- ✓ Ils se focalisent sur la représentation du problème, mais passent relativement peu de temps à envisager le maximum de solutions possibles et leurs conséquences.
- ✓ Ils privilégient les solutions qui donnent les résultats les plus immédiats, même si ce ne sont pas les solutions les plus rentables dans le temps.
- ✓ Ils privilégient les solutions qui perpétuent le statu-quo, en particulier si les alternatives sont nombreuses.
- ✓ Les décisions prises servent souvent à justifier des choix faits dans le passé (c'est le cas des banques qui continuent à prêter de l'argent à des clients douteux, dans l'espoir de récupérer leur mise)
- ✓ Lorsqu'il sollicite un avis, le décideur a tendance à biaiser la question de façon à obtenir un avis conforme à son idée initiale.

Les causes des grandes erreurs de décision :
- ✓ La modélisation n'est pas remise en cause alors que la réalité vient la contredire ;

Exemple : Sur la navette Challenger, les joints des réservoirs n'étaient pas conçus pour fonctionner par temps froid. Pour les ingénieurs, il ne fait jamais froid en Floride. Il gelait le 28 janvier 1986, et la navette a explosé au bout de 73 secondes.
- ✓ L'absence de communication explicite ;

Exemple : La plupart des collisions maritimes sont liées à une anticipation erronée de ce que va faire l'autre bateau.
- ✓ Une méconnaissance ou une absence de définition des objectifs.

Exemple : Les investissements inutiles

La raison, les sentiments, les perceptions, tout est lié !

Le neurologue Antonio Damasio (« *L'erreur de Descartes* ») analyse le cas d'Elliott. Opéré d'une tumeur au cerveau, le patient s'est bien remis. Il a gardé un quotient intellectuel élevé, mais son comportement a changé. Il se perd dans la lecture de documents qu'il doit classer. **Il se montre incapable de décider**. Le patient est même incapable de fixer une date pour un rendez-vous.

Devant des photos-chocs de catastrophes ou de personnes blessées lors d'accident, Elliott avoue qu'**il ne ressent rien**. Il présente un déficit d'émotions. Même quand ses intérêts sont en jeu, il n'en est pas affecté. Il reste en mesure d'apprendre, mais il est incapable de ressentir.

Chez tous les patients présentant de tels symptômes, c'est la même région du cerveau, le cortex préfrontal, qui est altérée.

Conclusion du neurologue : sans émotions, nous ne pouvons pas décider.

Tableau de M.C. Escher qui joue avec nos perceptions et notre logique.

2 –NOTRE « RATIONALITÉ » PEUT ÊTRE MANIPULÉE !

2.1 - Les leurres

Un leurre est une proposition qui n'a aucune chance d'être retenue, mais qui oriente le choix du décideur vers une option plutôt qu'une autre.

Expérience réalisée par Dan Ariely, titulaire de la chaire d'économie comportementale au MIT-Massachussets Institute of Technology, sur 2 fois 100 étudiants.

Choix d'un abonnement au journal *The Economist*

Economist.com — ABONNEMENT

OPINION
MONDE
BUSINESS
FINANCE & ECONOMIE
SCIENCES & TECHNOLOGIE
LIVRES & ARTS
LES GENS
MARCHE
DIVERS

Bienvenue
sur le service d'abonnement de *The Economist*

Cochez l'abonnement que vous voulez prendre ou renouveler.

❑ **Abonnement à Economist.com** - 59 $
Abonnement d'un an à Economist.com, qui comprend l'accès on-line à tous les articles de *The Economist* depuis 1997.

❑ **Abonnement à la version imprimée de *The Economist*** - 125 $
Abonnement d'un an à la version imprimée de *The Economist*.

❑ **Abonnement à la version imprimée & on-line** - 125 $
Abonnement d'un an à la version imprimée de *The Economist* et accès on-line à tous les articles de *The Economist* depuis 1997.

Première annonce :
Choix 1 : 16 %
Choix 2 : 0 %
Choix 3 : 84 %

Economist.com — ABONNEMENT

OPINION
MONDE
BUSINESS
FINANCE & ECONOMIE
SCIENCES & TECHNOLOGIE
LIVRES & ARTS
LES GENS
MARCHE
DIVERS

Bienvenue
sur le service d'abonnement de *The Economist*

Cochez l'abonnement que vous voulez prendre ou renouveler.

❑ **Abonnement à Economist.com** - 59 $
Abonnement d'un an à Economist.com, qui comprend l'accès on-line à tous les articles de *The Economist* depuis 1997.

❑ **Abonnement à la version imprimée & on-line** - 125 $
Abonnement d'un an à la version imprimée de *The Economist* et accès on-line à tous les articles de *The Economist* depuis 1997.

Deuxième annonce :
Choix 1 : 68 %
Choix 2 : 32 %

Le décideur a tendance à se tourner vers un choix binaire. Le leurre modifie la décision en créant une binarité factice.

2.2 - L'influence de notre environnement

Influence du milieu sur le comportement animal :
- Les cichlidés, petits poissons tropicaux, sont monogames lorsqu'ils vivent sur des fonds plats, exposés aux prédateurs. En revanche ceux qui vivent dans des grottes, dans un environnement moins dangereux, ignorent généralement les liens conjugaux. Les sociétés de singes des forêts, qui vivent en relative sécurité dans les arbres, sont plus libérales que les sociétés de singes des savanes, qui vivent dans un milieu moins sûr. Ces dernières sont plus hiérarchisées et ont des règles sociales plus strictes.
- On a observé des réactions de panique chez les insectes et les petits mammifères placés dans des champs alternatifs. Chez la souris on observe une diminution du temps de survie.
- Les papillons *Eumenis Semele* possèdent la vision des couleurs, mais ils n'y sont réceptifs que lorsqu'ils butinent.

Influence du climat :
- Les maîtres d'école remarquent que l'atmosphère d'une classe dépend du temps qu'il fait. Les élèves sont plus mornes quand il pleut, enjoués quand le soleil brille, nerveux lorsque l'orage menace.
- Influence de la luminosité. Des expériences ont montré que les lumières colorées ont des influences sur le psychisme, chez les humains comme chez les animaux.
- Influence de l'ionisation atmosphérique. Les ions positifs provoquent des variations physiologiques, en particulier l'augmentation du taux de sérotonine. Les vents qui en portent, l'autan toulousain, le foehn autrichien, le sirocco italien, le Santa Ana californien, le sharav israélien, ont un effet dépressif et irritant sur les humains et les animaux.

L'environnement influe sur notre perception :
Quel est le rond central le
plus grand ?

(Réponse : ils sont identiques)

2.3 – L'influence des « ancres »

Un prix initial peut être arbitraire (en particulier dans l'industrie du luxe), mais il conditionne la perception que le décideur aura de l'objet (et de la décision à prendre à son sujet).

La tendance inconsciente, à partir du moment où on a à l'esprit une « ancre » (prix initial, analogie, coïncidence…), est de prendre des décisions en cohérence avec cette ancre.

Exemple :
On demande à un « cobaye » de bien mémoriser les deux derniers chiffres de son numéro de Sécurité Sociale. On lui demande ensuite d'estimer la valeur d'un produit qu'on lui présente (prix maximal qu'il serait prêt à payer au cours d'une enchère sur Ebay).

2 derniers chiffres du numéro de SS	Estimation du prix d'une souris sans fil	Estimation du prix d'un clavier sans fil	Estimation du prix de chocolats	Côtes du Rhône 1998
Entre 00 et 19	8,64$	16,09$	9,55$	8,64$
Entre 20 et 39	11,82$	26,82$	10,64$	14,45$
Entre 40 et 59	13,45$	29,27$	12,45$	12,55$
Entre 60 et 79	21,18$	34,55$	13,27$	15,45$
Entre 80 et 99	26,18$	55,64$	20,64$	27,91$
Corrélations	0,42	0,52	0,42	0,33

(Expérience de Loewenstein et Prelec sur des étudiants de l'université Carnegie Mellon)

2.4 - L'influence de la gratuité

Exemple :
On propose un choix unique entre une Truffe Lindt (chocolat de grande qualité) et un Kiss de Hershey (chocolat ordinaire), en conservant le même différentiel de prix.

Alternative	Choix d'une Truffe de Lindt	Choix d'un Kiss de Hershey
Truffe de Lindt à 15 centimes, Kiss de Hershey à 1 centime	Choix de 73% des cobayes	Choix de 27%
Truffe de Lindt à 14 centimes Kiss de Hershey à 0 centime	Choix de 31%	Choix de 69%

Cette expérience est contraire aux conclusions des analyses rationnelles coûts-bénéfices, qui voudraient que la différence de valeur estimée ne soit pas influencée par le prix proposé.

**La décision est liée
à la peur intrinsèque de la perte.
Cette peur est annulée par la gratuité.**

**Ainsi, la gratuité
(un gratuit pour cinq achetés par exemple)
vaut davantage qu'une ristourne.**

2.5 - La peur d'exclure

Cette irrationalité dans la décision est
illustrée par l'histoire de l'âne de Buridan
qui, faute de choisir entre deux bottes de
foin, est mort de faim entre les deux.

Il existe une crainte irrationnelle de
perdre des opportunités futures, ou des
relations potentiellement utiles.

2.6 - Le conditionnement psychologique

*John Bargh, Mark Chen et Lara Burrows ont demandé à un
premier groupe d'étudiants de reconstituer des phrases de
thématique courtoise, avec des mots comme « honneur »,
« prévenant », « poli ». A un deuxième groupe ils ont
proposé le même jeu avec une thématique agressive avec
des mots comme « insolence », « importuner »,
« provocant ».*
*La tâche accomplie, ils devaient passer dans une autre salle
où un autre chercheur les attendaient. Mais celui-ci était en
fait occupé à expliquer l'exercice à un étudiant
particulièrement lent. Le groupe « agressivité » toléra à peine
cinq minutes d'attente, alors que le groupe « courtoisie »
attendit environ neuf minutes.*

*D'autres expériences ont été faites avec un groupe
« vieillesse », jouant au préalable le même jeu avec des mots
comme « ancien », « tisane », « retraite ». L'expérience
consistait en fait à calculer l'allure qu'ils adopteraient en
quittant l'établissement. Les cobayes « vieillesse », bien
qu'étant des étudiants du même âge que les autres,
marchèrent moins vite.*

L'effet organique du conditionnement psychologique se
révèle de façon évidente dans l'effet placebo.
L'effet placebo <u>tend à augmenter</u> lorsque le prix du
médicament neutre ou de l'opération chirurgicale inutile est
particulièrement élevé.

2.7 - Variante : la prophétie autoréalisatrice / l'effet Pygmalion

Premier exemple :
Il existe un préjugé aux Etats-Unis qui veut que les Américains d'origine asiatique soient plus doués que les autres pour les mathématiques et les sciences. Un autre prétend que les femmes sont mauvaises en maths.
Margaret Shin, Todd Pittinsky et Nalini Ambady ont fait passer un examen de maths à des Américaines d'origine asiatique, réparties en deux groupes. Pour le premier groupe, ils posèrent au préalable des questions liées à leur sexe, au second des questions liées à leur origine ethnique.

Les participantes du groupe « sexe » furent moins performantes que celles du groupe « origine ethnique ».

Deuxième exemple :
À la fin du 19ème siècle pour les opérations de recensement aux USA, on utilisait des trieuses de cartes perforées. Hollerith, l'inventeur de la machine, avait prédit que les opérateurs ne pourraient aller au-delà de cinq cent cartes par jour. Les premiers opérateurs en furent informés et il s'avéra que ceux qui dépassaient le chiffre fatidique souffraient en effet d'une fatigue nerveuse inacceptable. On fit appel à d'autres opérateurs, qui ne connaissaient pas la prédiction de Hollerith. On s'aperçut que ceux-ci franchissaient allègrement la barre des cinq cent au bout de trois jours, et qu'ils atteignaient facilement les mille cinq cent et même les deux mille fiches par jour.

Théorème de Thomas (1928) :
« Si les hommes définissent des situations comme réelles, elles le sont dans leurs conséquences. »

On ne prend pas des décisions à partir de réalités, mais de <u>représentations des réalités</u>. Ces représentations structurent la réalité. Ainsi, si je considère que X est un sage, j'écouterai attentivement ses paroles, même s'il me demande de lui passer le sel.

2.8 - Excitation et décision

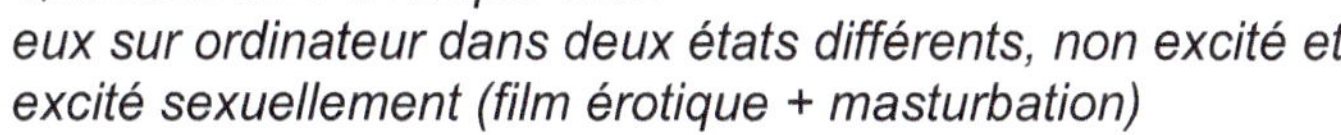

Expérience faite sur des étudiants mâles de Berkeley en 2001 :
Questionnaire à remplir chez eux sur ordinateur dans deux états différents, non excité et excité sexuellement (film érotique + masturbation)

Questions	Réponse positive Non excité	Réponse positive Excité	Différence (%)
Imaginez-vous coucher avec une femme de 50 ans ?	28 %	55 %	96
Imaginez-vous coucher avec une femme de 60 ans ?	7 %	23 %	229
Imaginez-vous de coucher avec un homme ?	8 %	14 %	75
Une fille qui transpire est-elle sexy ?	56 %	72 %	29
L'odeur du tabac est-elle excitante ?	13 %	22 %	69
Affirmeriez-vous à une fille que vous l'aimez pour augmenter la probabilité qu'elle accepte de coucher avec vous ?	30 %	51 %	70
Encourageriez-vous une fille à boire pour augmenter la probabilité qu'elle accepte de coucher avec vous ?	46 %	63 %	37
Utiliseriez-vous systématiquement un préservatif si vous ignoriez les antécédents sexuels de votre partenaire ?	88 %	69 %	22
Imposeriez-vous un préservatif même si vous craignez que votre partenaire change d'avis pendant que vous allez le chercher ?	86 %	60 %	30

Conclusion : l'excitation modifie la décision.

Il n'y a pas que des excitations sexuelles.
Les excitations peuvent aussi être provoquées par la vitesse en voiture, la faim, la colère, la peur, l'envie, l'espoir…

2.9 - Normes sociales et lois du marché

Expérience 1 : Sur un écran d'ordinateur, on demande à des cobayes de déplacer le plus grand nombre de cercles de la gauche vers la droite en 5 minutes. Le premier groupe était payé 5 \$. Le deuxième groupe était payé 50 centimes. Le troisième groupe était sollicité bénévolement, à titre de « requête sociale ».

Deuxième expérience : *Le premier groupe n'est pas payé, mais se voit offrir une boite de chocolats. Le deuxième groupe n'est pas payé, mais se voit offrir un Snickers. Le troisième groupe est sollicité bénévolement.*

Performances	Première expérience	Deuxième expérience
Premier groupe	159 cercles déplacés	169
Deuxième groupe	101	162
Troisième groupe	168	168

En cas de mélange des deux normes (en annonçant « une boite de chocolat à 5 \$ » et « un Snickers à 0,50 centimes »), les résultats sont ceux de la première expérience.

Conclusion : l'argent est le moyen le plus onéreux pour obtenir un résultat.

Autres expériences :

Sondage de l'Association américaine des avocats :

Accepteriez-vous de faire payer moins cher (30\$ de l'heure) à des retraités nécessiteux ?

Réponses globalement négatives.

Accepteriez-vous d'offrir gratuitement vos prestations à des retraités nécessiteux ?

Réponses globalement positives (Dans ce deuxième cas : réponse à une norme sociale, hors des normes du marché)

En Israël : *Lors de la mise en place d'une amende dans une garderie pour les parents en retard, les retards se multiplient (passage des normes sociales aux normes du marché).*

Retrait du système d'amende : pas d'amélioration (pas de retour aux normes sociales quand des normes du marché ont été instaurées).

Quand une norme sociale rencontre une norme du marché, la norme sociale disparaît.

Corollaire : il n'est pas facile de réinstaurer des relations sociales après être passé par les normes du marché.

2.10 - L'ajournement

Les objectifs à long terme sont régulièrement sacrifiés par rapport aux satisfactions immédiates. Il existe une tendance naturelle à remettre au lendemain ce que l'on peut faire le jour même.

Expérience : *Les étudiants doivent rendre 3 devoirs, alors que les 3 cours d'une semaine se succèdent dans le temps :*
Premier groupe de classes : chaque étudiant doit fixer lui-même la date de remise de ses devoirs ; il est pénalisé s'il n'y arrive pas.
Deuxième groupe de classes : remise des devoirs au plus tard, c'est-à-dire à la fin du dernier cours. Rendre ses 2 premiers devoirs par anticipation est possible, mais sans gain.
Troisième groupe de classes : remise des devoirs répartie autoritairement à la fin de chaque semaine.

Les meilleurs résultats sont obtenus dans le troisième groupe de classes.
Les plus mauvais dans le deuxième groupe.
Résultats intermédiaires dans le premier groupe. Cependant, les étudiants qui avaient volontairement espacé les dates de remises de leurs devoirs obtenaient des résultats aussi bons que dans les classes « autoritaires » (troisième groupe).

**Conclusion : il faut gérer (ou faire gérer) sa propre tendance à procrastiner,
pour ne pas devoir tout faire en même temps.**

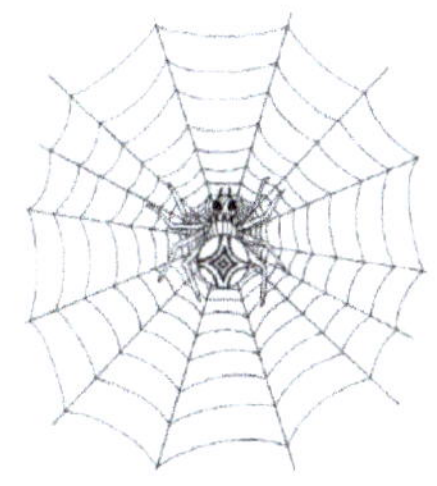

2.11 - La surestimation de la propriété

Éléments d'irrationalité prévisible :
- ✓ Nous nous attachons à ce que nous possédons ;
- ✓ Nous pensons plus à ce que nous pouvons perdre qu'à ce que nous pouvons gagner ;
- ✓ Nous imaginons que l'interlocuteur porte le même regard que nous sur la transaction.

Effet e-bay : dans les ventes aux enchères, il existe une tendance à surenchérir sur des objets que nous avons particulièrement surveillés. Nous les avons intégrés comme étant déjà à nous.

Effet Ikea : la fierté du propriétaire est proportionnelle à la difficulté de montage d'un meuble ou de branchement d'un appareil.

Effet HD : nous sommes prêts à payer pour conserver une image ou un son « haute définition » que nous avons pris à l'essai gratuitement pendant 3 mois, alors que nous n'en avons pas besoin.

Effet ticket « Coupe du Monde ». Le propriétaire d'un bien rare et excitant n'acceptera de le revendre qu'à un prix très supérieur à celui que lui-même aurait accepté de l'acheter.

2.12 - La décision malhonnête

Expérience auprès des étudiants d'Harvard, du MIT, de Princeton, Yale et UCLA :
L'expérimentateur pose 50 questions de culture générale à répondre en 15 minutes, avec gain de 10 centimes par réponse correcte. Au départ, les cobayes reçoivent le questionnaire et une feuille de brouillon où ils doivent inscrire leurs réponses. Au bout des 15 minutes, on leur remet un tableau où ils doivent reporter leurs réponses.

Groupe 1 (groupe de contrôle) : Le cobaye remet son brouillon, ainsi que le tableau des réponses qu'il a inscrit sur le tableau, à un surveillant. L'expérimentateur calcule son score,

Groupe 2 : Le tableau à remplir contient entre parenthèses les bonnes réponses. L'étudiant garde son brouillon et reporte ses réponses sur le tableau. Il est payé selon la performance qu'il a indiqué.

Groupe 3 : L'étudiant ne remet plus rien, mais annonce son score. Il est payé selon le chiffre qu'il annonce.

	Nombre de réponses exactes ou annoncées telles
Groupe 1 (contrôle)	22,6 / 50
Groupe 2	36,2 / 50
Groupe 3	36,1 / 50

Conclusion :
Une fois confrontés à la possibilité de tricher, les participants ne semblent guère influencés par le risque de se faire prendre.
L'analyse traditionnelle « coût-bénéfices » ne semble pas s'appliquer au rapport à la malhonnêteté.

Expérience annexe : Si l'on fait précéder le test d'une ancre morale *(« dressez la liste de ceux dont vous vous rappelez parmi les Dix Commandements ; comptez le nombre que vous avez trouvé »)*. Le taux de fraude chute au niveau du groupe de contrôle.

3 - LES MODES DE DÉCISION

3.1 – Décider seul, au nom de sa position hiérarchique

Avantages :
- ✓ Mise en œuvre rapide ;
- ✓ Permet de limiter les influences paralysantes ;
- ✓ Consolide une position hiérarchique ;
- ✓ Pas de retard dû à l'organisation de réunions.

Inconvénients :
- ✓ Se couper de l'avis des autres est dangereux ;
- ✓ Risque de subjectivité ;
- ✓ Trop grande influence de facteurs personnels (âge, sexe, culture, tempérament, …).

3.2 – Décider seul, en se justifiant par une intuition ou une expérience

Avantages :
- ✓ Mise en œuvre rapide ;
- ✓ Votre expérience est connue et très appréciée par votre entourage pour des réussites antérieures ;
- ✓ Se fier à son intuition donne une impression de liberté.

Inconvénients :
- ✓ La pertinence de la décision n'est pas assurée ;
- ✓ Les alternatives ne sont pas abordées ;
- ✓ L'intuition ou l'expérience est difficile à légitimer auprès des parties prenantes, surtout celles qui sont en compétition avec vous.

3.3 – Décider en équipe

Avantages :
- ✓ Permet une vision plus large du problème ;
- ✓ Multiplie les solutions envisageables.

Inconvénients :
- ✓ Multiplie les procédures et les règles ;
- ✓ Augmente le temps de décision ;
- ✓ Une décision consensuelle n'est pas forcément la meilleure, ni la plus originale.

3.4 – S'appuyer sur un consultant extérieur

Avantages :
- ✓ Permet de prendre du recul ;
- ✓ Un avis extérieur, payé pour améliorer les choses, est a-priori impartial ;
- ✓ Il est rassurant de faire appel à un expert ;
- ✓ Permet de dégager sa responsabilité.

Inconvénients
- ✓ Le consultant ne possède pas toutes les informations ;
- ✓ Un tiers peut avoir des intérêts cachés ;
- ✓ Un consultant peut coûter cher, surtout lorsqu'une addiction au conseil extérieur s'installe dans l'entreprise.

3.5 – Synthèse des modes de décision

	Fiabilité	Rapidité	Crédibilité	Facilité de mise en oeuvre
Décider seul	++	+++	+	++++
Décider en équipe	++++	+	+++	+
S'appuyer sur un consultant	++	++	+++	+++
Agir d'abord, réfléchir ensuite	+	++++	+	++++
Ne rien décider	+	+	+	+++
Faire comme tout le monde	++	++++	++	++++
Décider au hasard		++++		++++

(Inspiré de : Christian Morel ; Les décisions absurdes. Paris. Ed Gallimard 2002)

3.6 – Ne pas hésiter à modifier les manières de décider

Une décision, dans le cadre d'un projet à long terme, n'est jamais définitive.
Il faut savoir revenir, modifier, changer de mode selon la situation. Savoir quand et comment.

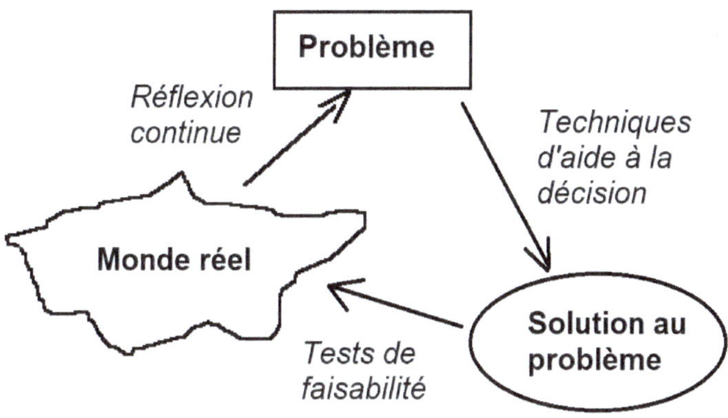

4 - LA LOGIQUE, C'EST QUOI ?

4.1 - La méthode cartésienne

René DESCARTES, fils d'un conseiller au Parlement de Bretagne, naît en Touraine en 1596. A Paris, il met à profit ses dons en mathématiques pour trouver des martingales dans les salles de jeux qu'il fréquente.
Pour éviter d'éventuelles persécutions, il s'installe en Hollande et publie des écrits sur l'astronomie, les mathématiques, la physiologie et la métaphysique. Il meurt d'une pneumonie en 1650, en Suède.

« ... Au lieu du grand nombre de préceptes dont la logique est composée, je crus que j'aurais assez des quatre suivants, pourvu que je prisse une ferme et constante résolution de ne manquer pas une seule fois à les observer. »

Le premier est de ne recevoir jamais aucune chose pour vraie que je ne la connusse évidemment être telle : **c'est-à-dire d'éviter soigneusement la précipitation et la prévention**, et de ne comprendre rien de plus en mes jugements que ce qui se présenterait si clairement et si distinctement en mon esprit que je n'eusse aucune occasion de le mettre en doute.
Le second, de diviser chacune des difficultés que j'examinerais en autant de parcelles qu'il se pourrait, et qu'il serait requis pour les mieux résoudre.
Le troisième, de conduire en ordre mes pensées, en commençant par les objets les plus simples et les plus aisés à connaître, pour monter peu à peu comme par degrés jusques à la connaissance des plus composés : et supposant même de l'ordre entre ceux qui ne se précèdent point naturellement les uns les autres.
Et le dernier, de faire partout des dénombrements si entiers et des revues si générales que je fusse assuré de ne rien omettre »

(René Descartes, Discours de la Méthode, 1637)

4.2 - Le rasoir d'Occam

Guillaume d'Occam est né entre 1285 et 1290 dans le Surrey. Très jeune, il devient moine franciscain et fait ses études à Oxford. Il se consacre à la théologie, à la philosophie et à la logique.
Il est excommunié en 1328 pour s'être opposé au pouvoir papal, trop riche selon lui.
Il meurt de la peste noire en 1349.

Le « rasoir d'Occam » (« rasoir » signifie sans doute, dans le vocabulaire du moine, quelque chose comme « raturage ») est ce que l'on appelle le « principe d'économie » en logique.

Il peut s'énoncer comme suit :
Les entités logiques ne doivent pas être multipliées au-delà du strict nécessaire.

Ce que l'on peut faire avec moins, il est inutile de le faire avec plus.

Par extension,
Face à un problème complexe, il convient de commencer l'approche explicative et décisionnelle par la solution <u>la plus simple</u>.

Lorsqu'une hypothèse est suffisamment prédictive, il ne sert à rien d'en introduire de nouvelles.

NB : le rasoir d'Occam ne vise pas à identifier l'explication « vraie », mais à dégager des solutions opérationnelles et des modèles prédictifs. Il vise aussi à ne pas perdre du temps à peser toutes les décisions possibles.

« Si tout se passe comme si un signe avait une signification, c'est qu'alors il en a une »
(devise de Guillaume d'Occam)
Il convient de rapprocher la devise d'Occam du théorème de Thomas (paragraphe 2.5)

4.3 - Redondances et contradictions

Toute proposition peut se mettre sous une forme normale en 4 parties.
- ✓ Un signe de quantité : « Quelques » ; « aucun » ou « tous » ;
- ✓ Le nom du sujet ;
- ✓ Le verbe « est » ou « sont » ;
- ✓ Le prédicat.

Pour réduire une proposition à la forme normale, il faut :
- ✓ Trouver le sujet, c'est-à-dire la classe concernée ;
- ✓ Remplacer le verbe par une locution commençant par le verbe « être » ;
- ✓ Trouver le prédicat, c'est-à-dire la classe qui contient « quelques », « aucun » ou « tous » les membres du sujet ;
- ✓ Si l'un des deux noms n'est exprimé que partiellement, il est nécessaire de définir un cadre (univers) ;
- ✓ Trouver le signe de quantité ;
- ✓ Disposer la proposition selon l'ordre suivant : Signe de quantité + Sujet + Verbe + Prédicat.

Objectif : avoir des prédicats ou des sujets identiques.
Si ce n'est pas possible, nous avons affaire à un syllogisme (voir plus loin).

Exercices :
Proposition 1 : Quelques clients refusent de payer les prestations de plus de 500 euros.
Forme normale : Quelques / prestations de plus de 500 euros / sont / des prestations que des clients refusent de payer.
Proposition 2 : Je n'accepte aucune prestation à moins de 500 euros.
Forme normale : Aucune / prestation de moins de 500 euros / sont / des prestations que j'accepte de faire.
Ou : Toutes / les prestations que je fais / sont / des prestations facturées au moins 500 euros.

Proposition 3 : Toutes mes prestations sont facturées 600 euros.

Forme normale : *Toutes / les prestations que je fais / sont / des prestations facturées 600 euros.*

Proposition 4 : Je suis payé 550 euros pour les prestations que j'effectue pour Emmaüs.

Forme normale : *Toutes / les prestations que je fais pour Emmaüs / sont / des prestations facturées 550 euros.*

Solutions :

Entre la proposition 1 d'une part, la proposition 2 ou 3 d'autre part : impossible de détecter un conflit, une redondance ou une contradiction.
Entre les propositions 2 et 3 : redondance partielle.
Entre les propositions 3 et 4 : contradiction.

4.4 - Faire des déductions ; les syllogismes

Le syllogisme est un trio de propositions.
Les deux premières sont les prémisses ;
la troisième est la conclusion, qui vient en conséquence.
La puissance logique provient de la capacité à tirer des conclusions conséquentes par rapport aux prémisses.

Exemple :

Prémisse 1 (majeure) : Aucune entreprise high -tech n'est en structure pyramidale ;

Prémisse 2 (mineure) : Quelques entreprises en structure pyramidale ne sont pas rentables ;

Conclusion :??????

Les prémisses permettent de définir 3 classes appartenant au même univers (celui des entreprises) :
    ✓ *« Entreprises high-tech » (H) ;*
    ✓ *« Entreprises en structure pyramidale » (P) ;*
    ✓ *« Entreprises non-rentables » (NR).*
Ces sont ces classes et leurs rapports qui sont représentés par les diagrammes suivants.

Solution 1 : Diagramme d'Euler

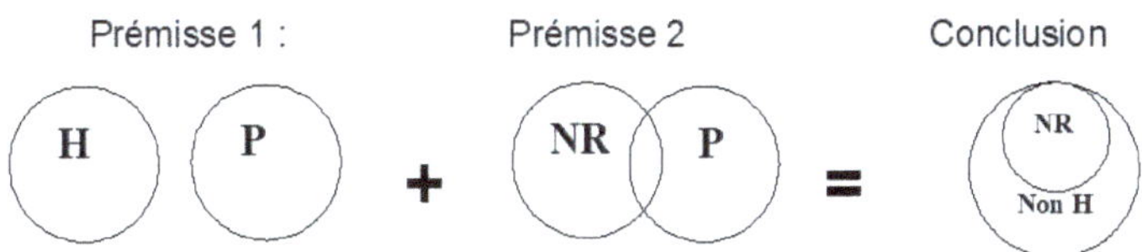

Méthode :
- On élimine P (présent dans les 2 prémisses).
- On représente les 2 possibilités sans P :

NR et H s'excluent   Il existe des éléments communs

- On fait apparaître l'alternative à H (en créant la possibilité Non-H)

Conclusion : Quelques NR sont Non H

Solution 2 : Diagramme de Venn

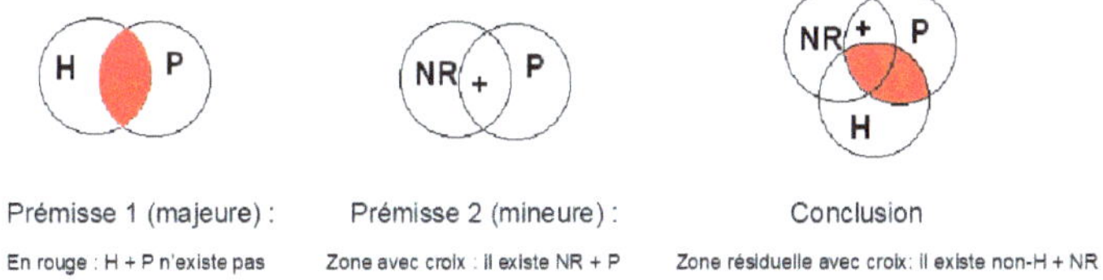

Prémisse 1 (majeure) :   Prémisse 2 (mineure) :   Conclusion

En rouge : H + P n'existe pas   Zone avec croix : il existe NR + P   Zone résiduelle avec croix : il existe non-H + NR

Méthode

Prémisses :
- On colore en rouge les zones d'exclusion
- On marque d'un « + » les zones communes
- On rassemble les 2 représentations et on retient la zone résiduelle marquée « + », commune entre H (majeure) et NR (mineure)

Conclusion : Quelques NR sont Non-H.

Solution 3 : Diagramme de Carroll

(Lewis Carroll était professeur de logique à Oxford, auteur de livres de logique intéressants mais assez étonnants, avant d'être l'auteur d'« Alice au Pays des Merveilles »).

Le grand carré est divisé en 4 cases principales, représentant les alternatives possibles de la majeure.

Le carré du milieu (« l'éliminende ») représente les alternatives présentées par la mineure.

La zone correspondant à « Tous » est colorée en vert (ici, aucune case)

La zone correspondant à « Quelques » est colorée en jaune.

La zone correspondant à « Aucun » est colorée en rouge. Le rouge a préséance sur le vert et sur le jaune.

	High-Tech (H)	Non High-Tech (NH)
Structure non-pyramidale (NP)	H / NP / Rentable H / NP / Non-rentable	NH / NP/Rentable NH / NP / Non rentable
Structure pyramidale (P)	H / P / Non rentable — **Quelques** Non H / P / Rentable	NH / P / Non rentable — **Quelques** Non H / P / Rentable

Seule déduction possible en utilisant les méthodes diagrammatiques :
« Il existe des entreprises non-rentables qui ne sont pas des entreprises high-tech. »

4.5 – Allez, quelques exercices de logique !

Majeure 1 : Aucun de mes fils n'est malhonnête ;
Mineure 1 : On respecte toujours un homme honnête ;
Déduction 1 ?

Majeure 2 : Tous les chats comprennent le français ;
Mineure 2 : Quelques poulets sont des chats ;
Déduction 2 ?
(NB : la logique est quelque chose de différent du réalisme)

Majeure 3 : Seuls les braves méritent la victoire ;
Mineure 3 : Quelques fanfarons sont des lâches (non-braves)
Déduction 3 ?

Majeure 4 : Tous les étudiants studieux réussissent aux examens ;
Mineure 4 : Tous les étudiants ignorants échouent ;
Déduction 4 ?

Est-ce logique ?
(1) « Je dois vendre ces téléphones. Je fais un examen approfondi de ce que je vends. Aussi, je souhaite examiner minutieusement quelques-uns de ces téléphones ».

(2) « Seuls les smartphones peuvent recevoir des mails. Quelques Huawei ne sont pas des smartphones. Cela veut dire que quelques Huawei ne peuvent pas recevoir de mail ».

(3) « Tous les smartphones peuvent recevoir des mails. Quelques Samsung ne sont pas des smartphones. Donc, quelques Samsung ne peuvent pas recevoir de mails. ».

Solutions :
Déduction 1 : Aucun de mes fils n'est jamais traité sans respect.
Déduction 2 : Quelques poulets comprennent le français.
Déduction 3 : Quelques fanfarons ne méritent pas la victoire.
Déductions 4 : Tous les étudiants ignorants sont non-studieux ; tous les étudiants studieux sont non-ignorants.
Est-ce logique ? (1) Conclusion incomplète / (2) Oui / (3) Non, pas de déduction possible.

5 – COMMENT, ET AVEC QUI, POSER LES PROBLÈMES ?

5.1 - QQOQCCP et les 5W

(Quoi ? Qui ? Où ? Quand ? Comment ? Combien ? Pourquoi ?)

Quoi ?	Quel défaut ? Quel constituant ? Quel service ? Quel produit ?
Qui ?	Quelle personne ? Quelles équipes ? Quels clients ? Quels fournisseurs ?
Où ?	Chez nous ? Chez le client ? Chez le foumisseur ? Ailleurs ?
Quand ?	A quelle heure ? Depuis quand ?
Comment ?	Comment est-ce arrivé ? Avec quel procédé ? Comment l'a t'on constaté ?
Combien ?	Combien de machines ou de personnel concemés ? Combien de clients ? A quel prix ?
Pourquoi ?	Quelles causes ? Quelles raisons ? Quelles intentions ?

Déclinaison plus limitée : les 5 W : What ? Why ? Where ? When ? Who ? (Quoi ? Pourquoi ? Où ? Quand ? Qui ?)

5.3 - La feuille de relevé

Elle permet de <u>chiffrer</u> un problème.

Exemple :
Les clients signalent des difficultés de contact téléphonique :

Jour de la semaine > Evénements v	Lundi	Mardi	Mercredi	Jeudi	vendredi	Total
Standard occupé	3	2	5	2	1	13
Communication coupée		3	4	2	2	11
Ne sait pas sur qui orienter	1	1	2	1		5
Mauvaise orientation		1		1		2
Correspondant absent	2				4	6
Total	6	7	11	6	7	37

5.2 - L'entretien

C'est une déclinaison structurée et collective de QQOQCCP

Les questions peuvent porter :
- ✓ Sur les faits
- ✓ Sur les sentiments
- ✓ Sur les intentions

Expliquer les raisons de l'entretien :
- ✓ Dire ce qui sera fait des informations recueillies et quel retour en aura l'interlocuteur ;
- ✓ Être clair sur la confidentialité.

Mener l'entretien pour qu'il soit utile :
- ✓ Noter le plus possible de ce qui est dit ;
- ✓ Reformuler pour vérifier la bonne compréhension ;
- ✓ Éviter de réagir ; rester neutre ;
- ✓ Exploiter l'entretien rapidement.

NB : L'entretien n'est pas suffisant pour prendre une décision : il faut le compléter par des observations directes, des vérifications, des mesures, des analyses de documents.

6 – LA BONNE MANIÈRE D'ABORDER LES PROBLÈMES…

6.1 – Le problème est de quel type ?

Problème générique ?

Le problème a déjà été rencontré. Il est la manifestation d'une situation basique sous-jacente. Il faut alors analyser, non seulement le problème, mais les solutions déjà mises en place.

Exemple : difficultés des clients à contacter le service technique.

Exceptionnel ?

La probabilité de survenue du problème est infime, mais peut être prévue.

Exemple : tremblement de terre au Japon. Attaque du système informatique par des hackers.

Exceptionnel et générique ?

On peut se référer à des règles générales et interroger des décideurs ayant connu le même cas.

Exemple : fusion avec une autre entreprise.

Nouveau ?

C'est la première manifestation d'un phénomène qui remet en cause les principes de production ou d'organisation. La réponse ne peut pas être standardisée.

Exemples : le tsunami de 2004. La guerre en Ukraine.

6.2 – Opérationnel ou stratégique ?

La définition que vous donnez au problème renvoie à un niveau de décision particulier.

- ✓ Une décision stratégique implique une réflexion et une validation au plus haut niveau.
- ✓ Une décision opérationnelle renvoie à un niveau de compétence technique.

Néanmoins, il est bon de remettre régulièrement en cause la classification en « opérationnel » et « stratégique » :
- ✓ Un problème classé comme stratégique au moment de son apparition peut, si des solutions globales ont été trouvées, passer à l'opérationnel (exemple : négociation avec une grande centrale d'achats ; choix d'une matière première).
- ✓ Un problème classé comme opérationnel peut devenir stratégique (baisse des ventes sur un produit présentant un défaut récurrent ; dégradation des conditions de travail).

Voici un tableau qui permettra d'orienter le décideur pour déterminer si le problème d'aujourd'hui est d'ordre opérationnel ou stratégique :

	Plutôt stratégique	Plutôt opérationnel
L'enjeu est...	Important	Limité
Le problème est...	Nouveau	Répétitif
Le succès de la solution est...	Aléatoire	Maîtrisable
La solution implique	Des intervenants multiples, éventuellement extérieurs.	Des intervenants bien ciblés, d'abord à rechercher en interne.
Les tâches à effectuer...	Perturbent l'organisation actuelle	S'intègrent dans l'organisation
La solution suppose...	Des négociations cruciales, qui doivent être abordées l'esprit ouvert à toute solution.	Peu ou pas de négociation. Les solutions internes sont à privilégier.
L'impact de la solution sera...	Durable	Ponctuel

6.3 – Quelles sont les décisions et les actions prioritaires ?

Dans la pratique, les deux méthodes ci-dessous sont surtout valables pour les <u>décisions opérationnelles</u> (non stratégiques).
Elles sont efficaces en cas de surcharge.

Méthode d'Eisenhower (la plus carrée)

Affecter à chaque tâche un critère d'importance (oui/non) et un critère d'urgence (oui/non).

Important	Urgent	Commentaires
Oui	Oui	Vous n'avez pas le choix : il faut décider et agir en priorité A vérifier : pouvez-vous diviser la tâche en sous-tâches « délégables » ?
Oui	Non	Attention : Pour ces tâches, on a souvent tendance à temporiser ! Si vous le pouvez, prenez la décision et commencez tout de suite ; Eventuellement : déléguez-en la préparation.
Non	Oui	Déléguez sans désorganiser ; Décidez et agissez vous-même si vous avez du temps disponible ; Posez-vous la question : cette tâche est-elle nécessaire ?
Non	Non	Remettez à plus tard, à moins que vous ayez beaucoup de temps disponible. Déléguez sans désorganiser Posez-vous la question : cette tâche est-elle nécessaire ?

Pour un responsable commercial,
- ✓ *L'urgent c'est le service au client ;*
- ✓ *L'important, c'est le volume d'achat du client.*

Méthode de Délivré (la plus intuitive)

Priorité	Définition	Question à se poser	Commentaires
1	Prévenir les risques	Si je ne le fais pas, qu'est ce que je risque ?	Décisions et tâches souvent ennuyeuses ou pénibles
2	Accomplir les tâches nécessaires	Si je le fais, qu'est ce que je gagne ?	Objectif : avancer
3	Utiliser au maximum le « che »	Est-ce une opportunité de le faire maintenant ?	Le « che » est un concept chinois d'adaptation aux opportunités et aux circonstances

Prévenir les risques :
- ✓ *Rédiger sa feuille d'impôt ;*
- ✓ *Mettre à jour le carnet d'adresses ;*
- ✓ *Envoyer ou payer les factures ;*
- ✓ *Faire les rappels ;*
- ✓ *Prendre rendez-vous chez le médecin ;*
- ✓ *…*

Accomplir les tâches nécessaires :
- ✓ *Prospecter de nouveaux clients ;*
- ✓ *Suivre une formation diplômante ;*
- ✓ *Acheter un nouveau matériel ;*
- ✓ *…*

Utiliser au maximum le « che » :
- ✓ *Passer au supermarché en allant voir un client ;*
- ✓ *Regrouper deux visites géographiquement proches ;*
- ✓ *Demander à un client informaticien quelques tuyaux ;*
- ✓ *…*

6.4 – Quelles sont les décisions les plus efficaces ?

Le diagramme de Pareto (Règle des 80/20)

- ✓ 80% des résultats sont obtenus par 20% de l'effort.
- ✓ 80% des effets résultent de 20% des causes.

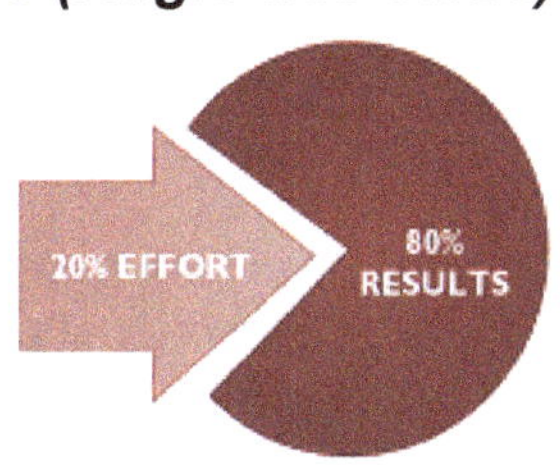

On reprend les événements (effets) par ordre décroissant et on en construit un diagramme

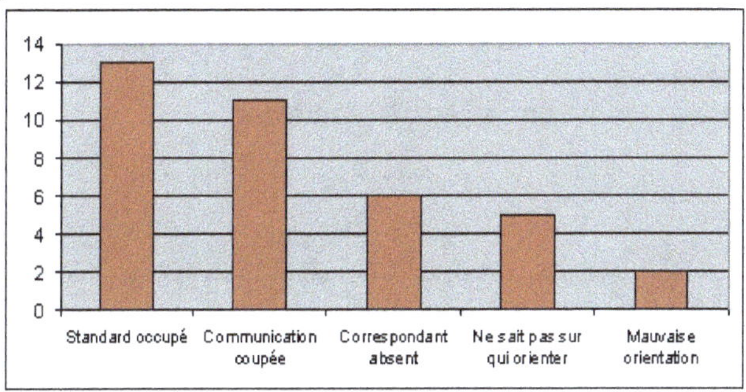

L'intérêt du diagramme dépend de plusieurs facteurs :
- ✓ Le choix des catégories d'observations (ne pas hésiter à en essayer plusieurs) ;
- ✓ L'importance d'un phénomène doit être évalué de façon pertinente (Nombre d'incidents ? Coût ?) ;
- ✓ Il faut conserver les mêmes références (durée de l'observation, choix de l'échantillon, etc.) pour comparer deux diagrammes à des périodes différentes ;
- ✓ Les données doivent être collectées rigoureusement.

Processus à mettre en place :
- ✓ Identifier tous les effets constatés ; les grouper
- ✓ Les représenter sous forme de diagramme ;
- ✓ Modifier les catégories pour faire plusieurs diagrammes, et choisir le plus pertinent ;
- ✓ Rechercher les causes communes qui induisent les effets visualisés à gauche du diagramme.

6.5 – Quelles sont les causes ?
Le diagramme d'Ishikawa

C'est un diagramme en arête de poisson, recensant les causes aboutissant à un effet constaté.

Les causes possibles sont rangées en 5 catégories, les 5M :
1. Matière : Les matières premières, plus généralement les inputs.
2. Matériel : L'équipement, les machines, les logiciels, les technologies.
3. Méthodes : Le mode opératoire, le process, les plans de formation.
4. Main-d'œuvre : Les ressources humaines, les compétences.
5. Milieu : L'environnement, le contexte.

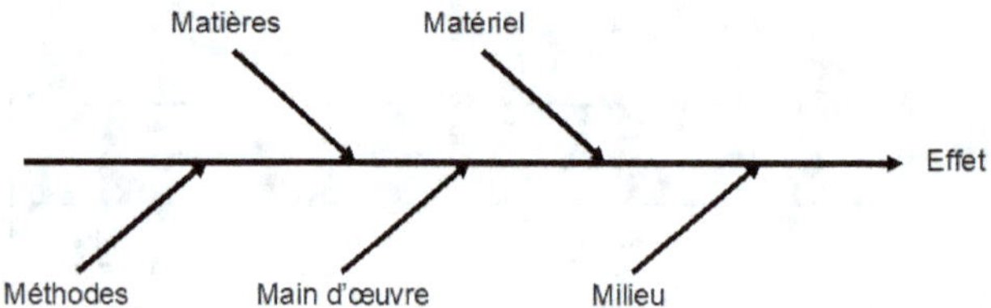

Processus :
- ✓ Inscrire le problème à droite du diagramme en arête de poisson ;
- ✓ Ranger les causes possibles selon les 5 catégories ;
- ✓ Sélectionner les causes importantes ou probables ;
- ✓ Faire des tests et des essais pour vérifier les causes retenues.

Exemple : les clients ont du mal à nous joindre

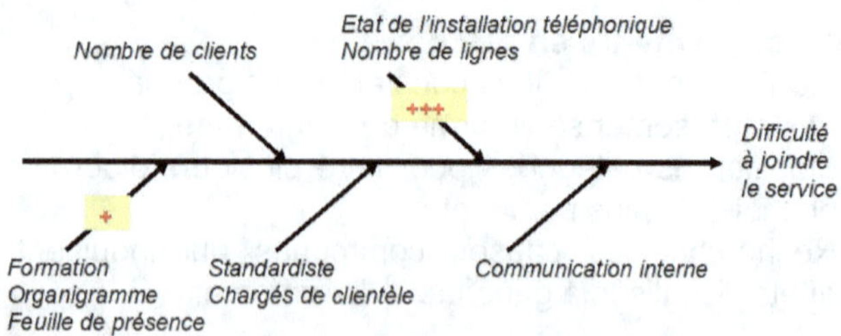

6.6 – Où est la locomotive ?
La matrice d'analyse structurelle

La matrice d'analyse structurelle a pour but de déterminer quels sont le rôle moteur et la dépendance de chaque paramètre.

Ceux qui sont les plus importants sont ceux qui sont <u>à la fois les plus moteurs et les plus dépendants</u>. Ce sont les points à traiter en priorité.

En revanche, certains paramètres sont à la fois très peu moteurs et très peu dépendants, quasiment autonomes, et ne jouent pratiquement aucun rôle.

- ✓ *En abscisse : les éléments influenceurs.*
- ✓ *En ordonnées : les éléments influencés*

Indiquer « 1 » dans les cases correspondant à une influence et faire les totaux horizontaux (degré de dépendance) et verticaux (degré de motricité).

Exemple 1 : Je veux organiser un spectacle près de chez moi

Influence de... Sur...	Choix de la salle	Choix de la sono	Type de publicité	Type de spectacle	Degré de dépendance
Choix de la salle				1	1
Choix de la sonorisation	1			1	2
Type de publicité				1	1
Type de spectacle	1				1
Degré de motricité	2	0	0	3	

Les éléments moteurs sont le type de spectacle (note de 3) et le choix de la salle. Ce sont donc les éléments à traiter en priorité, sachant qu'ils sont dépendants l'un de l'autre.

Le choix de la sonorisation est le plus dépendant (note de 2)

6.7 – Où sont les intérêts de chacun ?
La matrice Acteurs / Objectifs

Cette matrice permet d'identifier les convergences et les divergences d'intérêts, ainsi que les dominances en termes d'acteurs et d'objectifs.

- ✓ *En abscisse : les acteurs.*
- ✓ *En ordonnées : les objectifs.*

Indiquer « 1 » dans les cases correspondant à une convergence d'intérêts, « -1 » dans les cases correspondant à une divergence et faire les totaux horizontaux (implication des acteurs) et verticaux (mobilisation sur les objectifs).

Exemple 1 : Je veux organiser un meeting sur la sécurité alimentaire, avec trois orateurs.

Acteurs... > Objectifs ... V	Orateur 1	Orateur 2	Orateur 3	Implication des acteurs
Alerter le consommateur	1	1		2
Vendre le produit XX	1			1
Cultiver la notoriété de l'orateur 3		-1	1	0
Mobilisation sur les objectifs	2	0	1	3

6.8 – Écarter les mauvaises décisions
La matrice de Kételé

Ici, l'objectif est la décision « négative » :
- ✓ **Pour exclure des alternatives qui, pour des raisons internes, mèneraient à l'échec collectif ;**
- ✓ **Pour exclure des acteurs qui peuvent perturber le projet.**

Processus :
Pour chaque objectif, chaque acteur met une note (+ ou -) dans 4 colonnes : « idéal » ; « vécu » ; « possible » ; « voulu ».

Ces quatre critères correspondent
- ✓ Aux valeurs partagées (« idéal ») ;
- ✓ À l'expérience de chacun (« vécu ») ;
- ✓ À la faisabilité (« possible ») ;
- ✓ Au consensus supposé (« voulu »).

Exemple : Quel thème retenir pour un meeting ?
Chaque acteur reçoit le tableau à remplir par + ou -

	Idéal	Vécu	Possible	Voulu
Le réchauffement de la planète				
La sécurité alimentaire				
L'agriculture bio				
La grippe aviaire				
La paix dans le monde				

Si la réponse est…	Interprétation	Action
+ + + +	Vécu, possible, voulu	Priorité
+ - + +	Non vécu, possible, voulu	A prendre en compte
+ - + -	Non vécu, possible, non voulu	A laisser, faute de consensus
+ - - +	Non vécu, non possible, voulu	A ne pas prendre en compte
+ - - -	Non vécu, non possible, non voulu	A ne pas prendre en compte
Tout ce qui commence par -	*Non idéal*	*A ne pas proposer de prime abord*

L'interprétation peut être statistique (totaux) ou individuelle (choix des acteurs).

7 – REPLACER LE PROBLÈME ET LA DÉCISION DANS SON ENVIRONNEMENT

1 - ENVIRONNEMENT DÉTERMINISTE
La décision est alors basée sur l'optimisation des allocations.
(Programmation linéaire ; Méthode hongroise)

2 - ENVIRONNEMENT COMPLEXE
La décision est alors basée sur des probabilités ou des méthodes d'appréciation comparative.
(Simulation ; modèles statistiques ; prospective ; scoring ; benchmarking)

3 - ENVIRONNEMENT INCONNU
La décision est alors basée sur les mécanismes du comportement humain.
(« Le préférable » selon Aristote ; la pyramide de Maslow)

4 – ENVIRONNEMENT COLLECTIF
La décision est alors basée sur la recherche d'un consensus, dans une perspective coopérative.
(Le vote ; l'abaque de Régnier ; le brain-storming…)

5 - ENVIRONNEMENT INTERACTIF
La décision est alors basée sur la recherche du gain optimum de chacun, avec ou sans perspective de coopération.
(Théorie des jeux ; techniques de négociation)

*Tous ces environnements peuvent se superposer.
Il ne faut pas multiplier les outils, mais en choisir un ou deux qui couvrent les différents environnements concernés.*

Pertinence des outils :

Environnement > Outils ∨	Simplicité de mise en oeuvre	Applicable en environnement ...				
		Déterministe	Complexe	Inconnu	Collectif	Interactif
Programmation linéaire	++	+++				
Algorithme hongrois	++	+++				
Scoring, benchmarking	+++		+++++		+++	
Le préférable	++++		+	+++		
Pyramide des besoins	+++++		++	++++	++	+++
Brain storming	++		+++	+++	++++	
Grille des attraits	+++		+++	+++	++++	
Abaque de Régnier	++		+++	++	++++	
Récurrence à rebours	+++					++
Minimax	+++			++		+++
Jeux répétés	+++			++		+++

8 - DÉCIDER EN ENVIRONNEMENT DÉTERMINISTE

8.1 - La programmation linéaire

Cette méthode est destinée à maximiser ou minimiser un élément *(Profit ; temps ; coût ; matières premières ; consommation)* tout en respectant un certain nombre de contraintes

- ✓ Principale difficulté : Formuler le problème ;
- ✓ Ensuite : le modéliser.

Si le problème a été trop simplifié, il devient inutile ;
S'il est trop détaillé, il devient difficile à résoudre.

Exemple : optimisation du profit lors de la production d'une usine d'aliment du bétail.
Quelle quantité de chaque aliment faut-il produire pour optimiser le profit total, compte tenu de la quantité disponible de matières premières ?

	Profit / tonne	Blé	Soja	Maïs
Stock disponible		25 tonnes	2 tonnes	30 tonnes
Aliment 1	20 €	Composition : 35%	... 2%	... 63%
Aliment 2	25 €	... 45%	... 5%	... 50%

Résolution par le Solveur
(dans « Outils » du logiciel Excel)

Remplir le tableur en commençant par établir les contraintes.
En blanc : les cellules modifiables.
En grisé : les cellules de calcul (y inscrire les formules)
En bleu : le paramètre à maximiser (inscrire la formule d'obtention du chiffre)

Au départ : Indiquer dans la zone jaune des chiffres arbitraires (« 1 » par exemple)

Puis cliquer sur Outils > Solveur >. Indiquer la cellule cible, les cellules variables, et les contraintes. Puis cliquer sur <Résoudre>.

	Blé	Soja	Maïs	
Quantité disponible en tonnes	25,00	2,00	30,00	Contrainte
Aliment 1 Composition	35%	2%	63%	
Aliment 1 Utilisation des matières premières	8,14	0,47	14,65	
Aliment 2 Composition	45%	5%	50%	
Aliment 2 Utilisation des matières premières	13,81	1,53	15,35	
Aliments 1+2 Utilisation des matières premières	21,95	2,00	30,00	Contrainte
Bénéfice par tonne sur l'aliment 1	25,00 €			
Bénéfice par tonne sur l'aliment 2	20,00 €			
Quantité d'aliment 1 à fabriquer	23			variable
Quantité d'aliment 2 à fabriquer	31			variable
Bénéfice sur le tonnage d'aliment 1 fabriqué	581,40 €			
Bénéfice sur le tonnage d'aliment 2 fabriqué	613,95 €			
Total bénéfice sur les matières premières disponibles	1 195,35 €			A maximiser

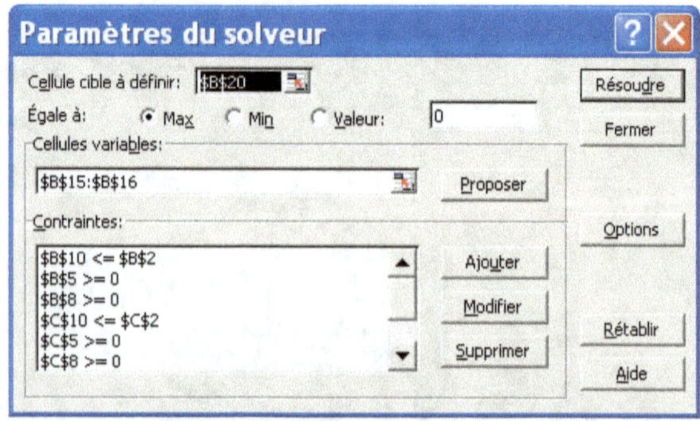

8.2 - L'algorithme hongrois

C'est un outil d'aide à la décision pour affecter les ressources : *(travail/machine ; travailleur/tâche ; commerciaux/régions ; véhicules/trajet)* tout en maximisant ou en minimisant un élément (Coût ; profit ; temps...).

Exemple : affectation de la fabrication d'un produit à un site de production

Prix de revient	Usine 1	Usine 2	Usine 3
Voiture 1	5 000 €	4 000 €	8 000 €
Voiture 2	2 000 €	1 800 €	2 100 €
Voiture 3	4 000 €	4 000 €	4 100 €

Opération N°1 : Soustraire à chaque chiffre le plus petit nombre de la ligne. Ainsi, pour chaque ligne, on obtient au moins une case à zéro.

Opération N°2 : Soustraire à chaque chiffre le plus petit nombre de la colonne. Ainsi, pour chaque colonne, on obtient au moins une case à zéro.

Opération N°3 : Couvrir tous les zéros par un nombre minimal de lignes verticales ou horizontales. Identifier le plus petit chiffre parmi les « non-couverts » et soustraire cette valeur de toutes les cellules non-couvertes.

Opération N°4 : Déterminer la solution optimale : des zéros dans chaque colonne.

Opération N°1	Usine 1	Usine 2	Usine 3	Usine 4	Plus petit nombre
Produit 1	60	170	330	360	60
Produit 2	130	200	200	400	130
Produit 3	50	300	170	180	50
Produit 4	120	90	250	200	90

Opération N°2	Usine 1	Usine 2	Usine 3	Usine 4
Produit 1	0	110	270	300
Produit 2	0	70	70	270
Produit 3	0	250	120	130
Produit 4	30	0	160	110
Plus petit nombre	0	0	70	110

Opération N°3	Usine 1	Usine 2	Usine 3	Usine 4
Produit 1	0	110	200	190
Produit 2	0	70	0	160
Produit 3	0	250	50	20
Produit 4	30	0	90	0
Plus petit nombre	20			

Opération N°4	Usine 1	Usine 2	Usine 3	Usine 4
Produit 1	0	90	180	170
Produit 2	0	70	0	160
Produit 3	0	230	30	0
Produit 4	30	0	90	0

9 - DÉCIDER EN ENVIRONNEMENT COMPLEXE

9.1 - Scoring, benchmarking

Les techniques de scoring visent à quantifier et à comparer (positionnements, atouts, produits, services, …), par rapport à des concurrents, des alternatives ou par rapport à un état antérieur.

Le scoring s'appuie sur :
- ✓ La définition des critères élémentaires ;
- ✓ La définition d'un coefficient relatif pour chaque critère ;
- ✓ La définition d'un score pour chaque élément comparé, pour chacun des critères.

Exemple 1 / Identification des points faibles relatifs d'une entreprise

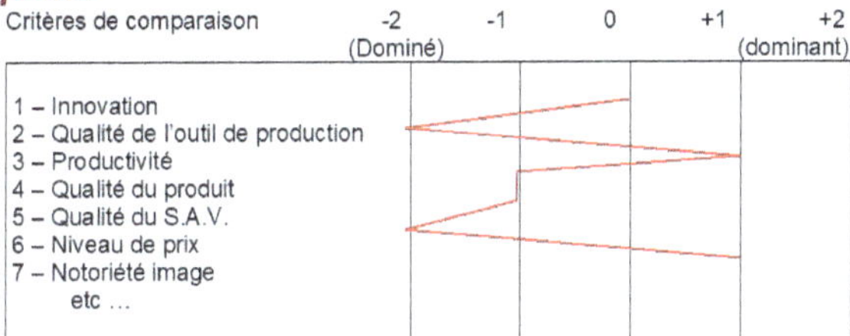

Exemple 2 / Choix entre 3 candidats au poste de directeur d'un laboratoire d'analyses

Critères	Coeff.	Candidat 1		Candidat 2		Candidat 3	
		Note C1	NC1 x C	Note C2	NC2 x C	Note C3	NC3 x C
Aptitudes managériales de base							
Expérience gestion d'entreprises	5						
Diplômes gestion d'entreprises	2						
Expérience gestion commerciale	5						
Diplômes gestion commerciale	1						
Expérience management humain	4						
Expérience organisation des tâches	3						
Aptitudes managériales / Direction d'un laboratoire							
Connaissance produits / concurrents	3						
Connaissance filières santé	3						
Connaissance clients	3						
Diplômes spécialisés / santé	2						
Aptitudes médiatiques							
Image auprès des clients	4						
Image dans le groupe	5						
Image dans les institutions	4						
Profil psychologique							
Charisme, enthousiasme, persuasion	5						
Attrait pour l'action commerciale	2						
Equilibre psychologique	3						
TOTAL							

9.2 – L'analyse stratégique

Les matrices d'analyse stratégiques sont des outils qui permettent de modéliser une situation complexe et d'aider à la décision stratégique.

Ce sont des <u>représentations simplifiées</u> obtenues en croisant des mesures internes à une entreprise avec des mesures externes (croissance du marché ; potentiel ; attractivité) de façon à évaluer une position concurrentielle ou des avantages compétitifs. La décision stratégique en découle. Nous citerons trois matrices d'analyse.

Nom	BCG	ADL	McKinsey
Concepteurs	Boston Consulting Group	Cabinet A.D. Little	Cabinet MacKinsey
Approche méthodologique	Mécaniste (données chiffrées objectives)	Organique. Approche qualitative et multicritères	
Base d'informations	Taux de croissance du marché / Part de marché par rapport au concurrent immédiat	Maturité du secteur / Position concurrentielle	Atouts de l'entreprise / Attraits du secteur

A – Matrice BCG

La matrice BCG permet de décider de l'orientation d'une entreprise qui propose plusieurs produits ou plusieurs services. Ces produits ou services sont rangés selon le taux de croissance du marché et leur part de marché.

	(forte) Part de marché	(faible)
(Forte) Taux de croissance du secteur	*Stars* (Miser sur eux…)	*Dilemmes* (S'interroger sur leur avenir)
(Nulle)	**Vaches à lait** (en profiter)	*Poids morts* (S'en débarrasser)

B – Matrice ADL

Pour une entreprise, la matrice ADL permet de se situer par rapport à la concurrence. Les produits et les services sont ordonnés selon le degré de maturité du secteur et la position concurrentielle.

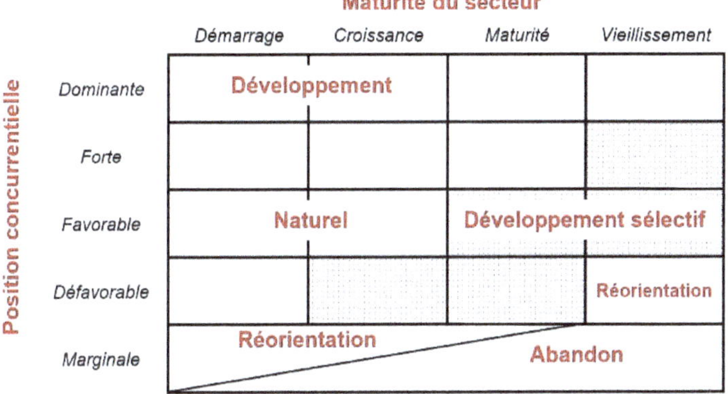

C – Matrice McKinsey

La matrice Mckinsey s'intéresse à l'attrait du marché pour l'entreprise (« valeur du secteur ») et le confronte à sa position concurrentielle. La décision tient donc compte, non seulement de facteurs objectifs, mais aussi de la <u>volonté</u> de l'entreprise de conquérir un marché, de s'y maintenir ou d'en être le leader.

| | | Valeur du secteur | | |
		Forte	Moyenne	Faible
Position concurrentielle	Forte	*Maintenir la position du leader*	*Maintenir la position ; suivre le développement*	*Rentabiliser*
	Moyenne	*« Essayer plus »*	*Rentabiliser prudemment*	*Retraite progressive*
	Faible	*Doubler la mise ou abandonner*	*Retraite progressive*	*Désinvestir*

9.2 - La méthode de Benjamin Franklin

Lettre de Benjamin Franklin à Joseph Priestley

Londres, le 19 septembre 1772

Cher ami,

Dans l'affaire qui vous occupe et pour laquelle vous sollicitez mon aide, je ne peux vous recommander l'une ou l'autre possibilité par manque d'informations, mais je peux vous conseiller une méthode. Lorsque ces choix difficiles se présentent, nous avons du mal à nous décider parce qu'au moment où nous examinons le problème nous ne pensons pas en même temps à tous les avantages et à tous les inconvénients. Certains éléments du problème sont présents dans notre esprit à un moment donné puis, quelques temps plus tard, d'autres éléments nous viennent en tête et nous oublions les premiers. Nous avons donc tendance à pencher tantôt d'un côté tantôt de l'autre en fonction de l'état d'esprit du moment, ce qui ne fait qu'accentuer notre incertitude et notre perplexité.

Pour surmonter cette difficulté, je prends une feuille de papier que je divise en deux colonnes. Dans la colonne de gauche, j'écris les avantages et dans la colonne de droite, les inconvénients. Je me donne trois ou quatre jours pour réfléchir au problème et à chaque fois qu'il me vient une nouvelle idée, je l'inscris dans la colonne correspondante. Lorsque je pense avoir rassemblé tous les éléments du problème et que je les ai ainsi tous sous les yeux, je soupèse leur valeur respective. Si un avantage et un inconvénient me paraissent de même importance, je les raye tous les deux.

Si un avantage suffit à contrebalancer deux inconvénients, je raye les trois éléments en question. Si j'estime que deux inconvénients valent trois avantages, je raye les cinq et ainsi de suite jusqu'à ce que je finisse par trouver un équilibre. Si au bout de quelques jours de réflexion supplémentaires, aucun élément nouveau ne vient se rajouter d'un côté ou de l'autre, je prends ma décision.

Il est certain que la valeur de ces éléments ne peut pas être calculée avec la précision des quantités algébriques. Cependant, je pense qu'après avoir soupesé chacun d'eux à la fois séparément et comparativement, je peux mieux les juger et que ma décision sera moins précipitée. En fait j'ai trouvé un grand avantage à ce type d'équation qu'on pourrait appeler l'algèbre morale ou prudente.

Je vous souhaite de parvenir à la meilleure décision et vous prie de croire à toute mon affection.

B. Franklin

10 - DÉCIDER EN ENVIRONNEMENT INCONNU

10.1 - La pyramide des besoins

La pyramide des besoins (ou pyramide de Maslow) permet de prévoir les aspirations des individus et des groupes, sachant lesquels de leurs besoins sont déjà satisfaits et en partant du principe que tout le monde veut gravir la pyramide.

En environnement inconnu, la pyramide permet à la décision de cibler les besoins probables des clients, usagers, électeurs, …

10.2 - Le préférable et le plus utile

(Selon Aristote, *La rhétorique*)

« Il y a avantage lorsque qu'un résultat est suivi d'un autre résultat, tandis que le parti contraire n'aurait pas cette conséquence. »
Il faut rechercher les réactions positives en chaîne.

« Il faut rechercher les choses dont la puissance productive est plus grande. »
La santé est un bien plus grand que le plaisir.

« Ce qui est préférable en soi est un bien plus grand que ce qui ne l'est pas en soi. »
La force est un bien plus grand que ce qui est acquis par la force.

« C'est la chose dont le principe est supérieur qui est supérieure. »
Mieux vaut des relations donnant accès à un financement qu'un financement.

« Il faut choisir les choses dont la différence en plus est préférable ou meilleure. »
C'est ce que l'on appelle aujourd'hui l'avantage concurrentiel.

« Le mieux est encore ce qui appartient aux meilleurs. »'
Aujourd'hui on dirait : identifier les facteurs-clés de succès en étudiant les concurrents et l'environnement externe.

« Ce qui vient de notre propre fonds a plus de valeur que ce qui est acquis, vu que c'est plus difficile à obtenir. »
Gagner, c'est bien. Un tempérament de gagneur, c'est mieux.

« Entre deux choses, la meilleure est celle qui est le plus près du but. »
Le possible vaut mieux que l'impossible.

« Ce qui tient à la réalité vaut mieux que ce qui tient à l'opinion ou à l'apparence. »
De là le proverbe « c'est peu de choses que la justice », vu que l'on tient plus à paraître juste qu'à l'être. Mais il n'en est pas ainsi de la santé.

« Une chose est plus utile si elle a plusieurs conséquences heureuses. »
Ainsi la richesse, la santé, l'intelligence.

11 - DÉCIDER COLLECTIVEMENT

11.1 – Le vote

**Bien des systèmes de vote existent.
Contentons-nous ici de citer les systèmes les plus
courants et les plus faciles à mettre en œuvre.**

L'unanimité
Tous les participants sans exception doivent être d'accord avec la décision.

Le vote à la majorité simple
La décision qui obtient le plus de voix est retenue, <u>même si elle ne réunit pas la majorité des votants</u>. Sont comptabilisées les voix des présents, des représentés (qui ont donné un pouvoir à un électeur présent) ainsi que ceux qui ont voté par correspondance. Les abstentionnistes ne sont donc pas pris en compte.

Le vote à la majorité absolue
La décision retenue est celle qui obtient au moins la moitié des voix plus une. Les abstentionnistes peuvent être pris en compte ou pas ; mais il faut le déterminer dès le départ.

Le vote à la majorité qualifiée
La qualification concerne le pourcentage de votes pour que la décision soit retenue, Éventuellement, d'autres conditions peuvent être imposées.

Exemple. Article 9C du Traité de Lisbonne (Adopté en 2009)
« À partir du 1er novembre 2014, la majorité qualifiée [au Conseil de l'Union Européenne] se définit comme étant égale à au moins 55% des membres du Conseil, comprenant au moins quinze d'entre eux et représentant des États membres réunissant au moins 65% de la population de l'Union.
Une minorité de blocage doit inclure au moins quatre membres du Conseil, faute de quoi la majorité qualifiée est réputée acquise. »

Le vote cumulatif

Chaque votant dispose d'un certain nombre de points (5 par exemple) qu'il peut distribuer à une ou plusieurs décisions, à un ou plusieurs candidats. La gagnante ou le gagnant est celle ou celui qui a récolté le plus de points.

Le vote pondéré

Le système consiste à donner un poids, positif ou négatif, à chaque décision soumise au vote. Les poids sont limités, par exemple entre +5 et -5. C'est la décision qui a le plus de poids qui l'emporte. Ce système permet d'exprimer une désapprobation par un poids plus ou moins négatif.

Le vote par approbation

Sur plusieurs décisions possibles, chaque votant exprime son approbation ou sa réprobation (1 ou 0). La décision retenue est celle qui a obtenu le plus d'approbations.
Exemple : en France, lors d'une élection dans une petite commune, l'électeur peut rayer des noms sur différentes listes.

Le referendum

La question qui se pose n'est pas le choix entre deux ou plusieurs options, mais de savoir si une décision est acceptable ou non.

L'utilisation de logiciels en ligne

Il en existe beaucoup (MeetingPulse, ElectionBuddy, AirVote, SlideLizardLIVE, etc. etc.)

Il n'est pas question ici de les départager, mais il faut savoir ce que vous souhaitez :
- ✓ Quel(s) système(s) de vote ?
- ✓ Vote anonyme ou non ?
- ✓ Logiciel limitant le nombre de votants ?
- ✓ Logiciel gratuit ou non ?

11.2 - Le brain storming

Il faut :
- ✓ Un groupe de 5 à 15 personnes ;
- ✓ Un animateur ;
- ✓ Un tableau ou un paper-board.

Le thème est affiché et visible par tous.

L'animateur lance le brain-storming proprement dit (30 minutes) avec les règles suivantes :

Se mettre en roue libre	Chacun dit tout ce qui vous passe par la tête. Pas d'autocensure.
Ne jamais critiquer	Pas d'appréciation, bonne ou mauvaise. Le jugement se fera plus tard.
Viser la quantité	Faire émerger un maximum d'idées en peu de temps. Pas de tri.
Rebondir sur les idées des autres	S'inspirer sur ce que disent les voisins. Ne pas hésiter à utiliser la contiguïté (chaise > table), la similitude (chaise > fauteuil) ou le contraste (chaise > pas de mobilier)

L'animateur note tout, et éventuellement reformule une idée pour en vérifier la compréhension. Il rappelle les règles si besoin est.
Après la séance : il exploite les idées exprimées et les range par catégories.

Il est possible de relancer un brain storming en se limitant à 3 idées, exprimées au cours d'une première séance, et que l'on cherche à exploiter plus particulièrement.

**Le brain storming n'est pas à proprement parler une méthode de prise de décision.
En revanche, l'exercice permet de mettre les parties prenantes dans une disposition d'esprit qui favorise l'apparition d'une décision consensuelle.**

11.3 - La grille des attraits

Le but est de hiérarchiser les solutions à partir de critères clairement définis, dans le cadre d'une décision à prendre collectivement

Pour chaque critère, on évalue l'attrait de chaque problème par une note entre 0 (aucun attrait) et 5 (très attractif).
Le total permet de donner un ordre d'importance aux différents problèmes.

Exemple 1 :

Critères > Sujets v	Motivant	Accessible	Utile	Total
Solution N° 1	5	2	3	10
Solution N° 2	4	4	5	13
Solution N° 3	1	5	2	8

Exemple 2 :

Critères > Sujets v	Efficacité	Facilité de mise en oeuvre	Faiblesse des coûts	Total
Solution N° 1	2	4	4	10
Solution N° 2	3	5	1	9
Solution N° 3	4	2	2	8

On peut affiner la méthode :
- ✓ Considérer que certaines notes sont éliminatoires
- ✓ Multiplier par un coefficient les notes concernant certains critères, plus importants que d'autres.

La grille des attraits peut se décliner de diverses façons.

Exemple : grille des compatibilités

Critères > Sujets v	Compatible avec les horaires	Compatible avec le budget	Compatible avec l'image de marque	RÉPONSE Compatible
Solution N° 1				
Solution N° 2		Non		Non
Solution N° 3			Non	Non

La réponse est <u>Non</u> si <u>un seul</u> des critères de compatibilité fait défaut.

11.4 - L'abaque de Régnier

C'est un outil destiné à recueillir les opinions des membres d'un groupe de travail et ainsi à repérer les points sur lesquels les consensus s'établissent.

L'abaque de Régnier combine un système de vote gradué (de « très probable » à « improbable ») et une représentation statistique.

L'objectif n'est pas de dégager des majorités (histogramme en V), mais des tendances (histogramme décroissant). Ceci se fait par reformulations itératives des propositions, et comptage des scores obtenus.
Il vise à permettre à des participants inhibés (peur de s'exprimer, pesanteur hiérarchique) de donner un avis à partir, non pas d'une échelle de jugements, mais d'une échelle de couleurs. Celle-ci va du vert foncé (tout à fait d'accord) à rouge foncé (pas du tout d'accord), plus le blanc (ne sait pas) et le noir (ne veut pas répondre).

Le traitement informatique permet de :
- Dégager des consensus (« diagonale des items ») ;
- Dégager des volontés (« diagonale des participants »).

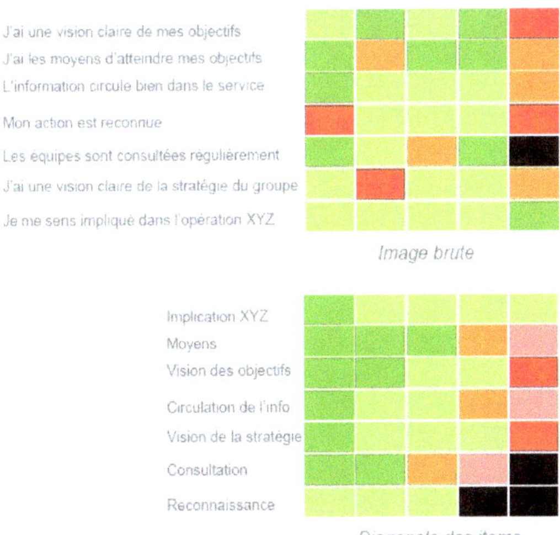

12 - DÉCIDER EN ENVIRONNEMENT INTERACTIF

12.1 – Les décisions à prendre pour un gain maximum

La théorie des jeux permet d'identifier les décisions rationnelles, lorsque chacun cherche à maximiser ses gains dans une perspective au départ non-coopérative.

Dans la **« récurrence à rebours »**, la décision est prise en étudiant le gain maximum final que je peux obtenir, sachant que l'adversaire connaît lui aussi l'arbre de décision que j'utilise et qu'il cherche la meilleure solution pour lui-même.
La théorie des jeux appelle cette situation « Jeu à <u>information complète</u> et parfaite ».

Exemple : le cas du nouveau venu sur un marché, face à un monopole.
Les 2 entreprises ont une connaissance parfaite des gains pour chaque solution, et jouent chacune à leur tour.

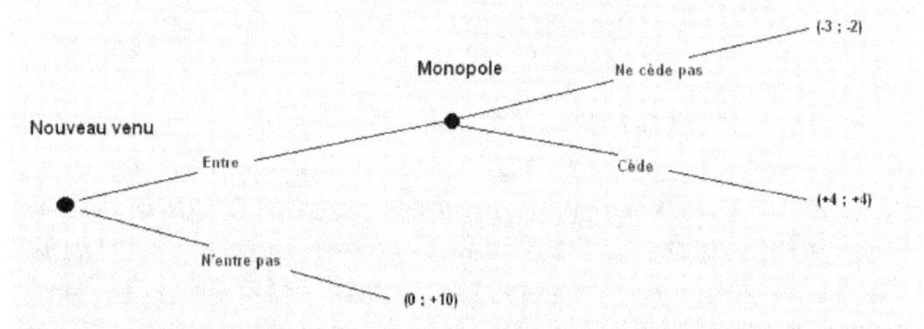

- ✓ *Si le nouveau venu n'entre pas, son gain est de 0.*
- ✓ *Si le nouveau venu entre mais que le monopole ne cède pas, le nouveau venu y perd (-2), mais le monopole ne gagne que + 3.*

Elles s'accorderont sur la solution « nouveau venu entre (gain de +4 pour lui) / Monopole cède (gain de+4 pour lui »).

12.2 - Minimiser ses pertes en cas d'informations incomplètes

« Minimax » :
C'est un « jeu à <u>information incomplète</u> ».
Les joueurs connaissent les résultats de chaque solution, mais ne savent pas ce que décidera l'autre joueur.

Exemple : Le dilemme du prisonnier.
Le prisonnier A peut dénoncer son complice B et vice-versa. Chacun d'eux connait les gains et les pertes en termes de temps de prison (nouvelle condamnation ou remise de peine).
Toutefois, ils ne connaissent pas la décision de l'autre. Dans une telle situation, chacun choisira alors la solution qui <u>minimise ses pertes</u>.

		Le prisonnier A ...	
		Ne dénonce pas B	Dénonce B
Le prisonnier B...	Ne dénonce pas A	*Solution 1 (A : +2 ; B : +1)*	*Solution 2 (A : +3 ; B : -2)*
	Dénonce A	*Solution 3 (A : -5 ; B : +4)*	*Solution 4 (A : -2 ; B : -1)*

La décision que l'on peut prévoir chez l'autre joueur est une <u>minimisation de ses pertes</u> (décision prévisible, ce qui ne veut pas dire inévitable. Certaines réactions humaines sont parfois imprévisibles. On parle ici de très forte probabilité).
Dans une telle hypothèse, on sera soi-même amené à prendre une décision similaire à l'autre « joueur », c'est-à-dire viser une minimisation de ses propres pertes.

Équilibre de Nash : chaque joueur prévoit le choix de l'autre et, à partir de sa prévision, cherche à maximiser ses gains ou à minimiser ses pertes.

12.3 – Décider lors d'interactions répétées

« Folk Theorem » :
Toute issue individuellement rationnelle du jeu de base peut être, par répétition indéfinie, une issue d'équilibre du super-jeu.

Cas du dilemme <u>itéré</u> du prisonnier. Les solutions 1 et 4 seront des issues d'équilibre, alors que, dans le dilemme à un seul coup, la solution 4 sera la seule solution choisie.

Résultats de Delahaye (1992), sur une population de joueurs ayant des stratégies différentes, et jouant deux à deux de façon aléatoire.

Il suffit qu'apparaissent une proportion de 6% de joueurs répondant du tac au tac dans une population aux stratégies variées (« gentils, toujours positifs » ; « méchants, toujours négatifs » ; « lunatiques, réponses aléatoires » ; ...) pour que celle-ci se transforme progressivement au point que les envahisseurs deviennent prédominants.

Cela signifie que la réaction du tac au tac est la meilleure dans le cas d'interactions nombreuses avec les mêmes « joueurs ».

(Réponse du tac au tac, ou donnant-donnant : jouer ce qu'a joué l'adversaire au coup précédent, en commençant soi-même par la coopération. S'il coopère, je coopère le coup d'après. S'il cherche à me léser, je chercherai à le léser à la prochaine interaction).

Les résultats de Delahaye trouvent des applications dans les décisions stratégiques à long terme, par exemple visant la réputation du décideur ou la fidélisation de clients récurrents (C'est le cas d'un poissonnier, qui revoit régulièrement ses clients. Ce n'est pas le cas d'un agent immobilier, qui ne revoit plus celui à qui il a vendu ou acheté une maison)

12.4 - Négocier

**La problématique de la THÉORIE DES JEUX est la maximisation des gains, dans une perspective au départ non-coopérative.
La problématique de la NÉGOCIATION est une optimisation des gains de l'un et de l'autre, les joueurs ayant chacun un intérêt à coopérer.**

LE CADRE D'UNE NÉGOCIATION

- ✓ Il existe un intérêt pour chacun à négocier ;
- ✓ Les deux parties ont conscience de défendre des intérêts différents, éventuellement contradictoires.

LES 4 PRINCIPES DE LA NÉGOCIATION

1 – Bien séparer la relation humaine du sujet de la négociation.

2 – Se concentrer sur les intérêts de chacun, non sur des positions de principe.

3 – Imaginer des options originales pour optimiser les intérêts.

4 – Insister sur les critères objectifs et cohérents.

LES ÉTAPES DE LA NÉGOCIATION (BANCO !)

- ✓ **B** : Une **B**onne préparation (le temps disponible, les documents nécessaires, le bon interlocuteur…)
- ✓ **A** : L'**A**pproche. La prise de rendez-vous.
- ✓ **N** : La **N**égociation proprement dite :
  - o Présenter le produit, le service, le projet ;
  - o Guetter le signal de fin de la présentation (C'est le moment le plus subtil) ;
  - o Faire des propositions et <u>ne pas refuser</u> d'en recevoir ;
  - o Discuter les propositions.
- ✓ **C** : **C**onclure. Sans conclusion commune, la négociation est un échec.
- ✓ **O** : L'**O**rdre d'achat. Mise en forme de l'accord.

LE COMPORTEMENT DU NÉGOCIATEUR

1 – Ce qu'il ne faut pas faire

✓ **On ne négocie pas une plainte.**
(Les négociateurs mal à l'aise avec la négociation peuvent avoir tendance à se plaindre. Les jeunes peuvent être impatients et mettre un terme brutalement à la négociation).

✓ **On ne négocie pas une menace.**
(Menacer ne sert à rien, si ce n'est à crisper la partie d'en face et la pousser à rompre la négociation).

✓ **On ne négocie pas un principe.**
(Si le principe est le point le plus important pour l'une des parties, le but pour elle n'est plus de <u>négocier</u>, mais de <u>convaincre</u>).

✓ **On ne négocie pas un don.**
(Le but d'une négociation est l'échange. Un don se prend ou se refuse, mais cela n'a rien à voir avec une négociation).

✓ **On ne s'identifie pas à l'autre.**
(Les vieux négociateurs savent manipuler les jeunes négociateurs pour qu'ils s'identifient avec un personnage « d'expérience » comme eux).

2 – ce qu'il faut faire

✓ Écouter et comprendre ;
✓ Anticiper les résistances
✓ Reformuler les objections de manière positive et y répondre.

**NE JAMAIS OUBLIER LE BUT FINAL :
ABOUTIR À UNE DÉCISION COMMUNE
COMPATIBLE AVEC VOS INTÉRÊTS.**

13 – FAIRE ACCEPTER UNE DÉCISION

13.1 – Bien choisir la forme du message

Le message sera compris à …

13.2 - Choisir le bon moment

On ne peut pas imposer une activité permanente. L'Analyse Transactionnelle distingue plusieurs périodes :

L'ACTIVITÉ : Les relations s'intègrent dans un cadre rationnel, prévu à l'avance (activité professionnelle par exemple).

LES RITUELS : Repas d'affaires ; cafés, etc…. Contacts socialisés, introduisant ou facilitant l'activité proprement dite.

LES PASSE-TEMPS : Échanges impromptus, hors de l'activité proprement dite.

LE RETRAIT : Isolement mental, dû à la réflexion, mais aussi au stress, à un refus de participer, à un choc psychologique.

LE LÂCHER PRISE : L'expression de chacun est authentique, mais les frontières de l'activité deviennent floues : humour, colère, confidences.

LES JEUX PSYCHOLOGIQUES : Il se crée un triangle persécuteur(s) / victime(s) / sauveteur(s). Les uns et les autres cherchent leurs compléments respectifs.

- ✓ Il faut maximiser les périodes d'activité, tout en sachant que les efforts excessifs en ce sens peuvent produire l'effet contraire.
- ✓ Il faut savoir reconnaître et gérer chaque période, et admettre qu'on ne peut imposer une activité permanente. Chacun doit trouver sa dose de chaque période dans des diversions (passe-temps, lâcher-prise) ou des pauses (retrait, rituels).
- ✓ **Il faut se mettre d'accord sur le fond et faire accepter une décision quand tout le monde est en période d'activité.**

Les jeux psychologiques sont fondamentalement négatifs et désorganisateurs pour la prise de décision. Il faut savoir identifier et neutraliser rapidement le triangle persécuteur(s) / victime(s) / sauveteur(s) avant qu'il ne devienne permanent.
Un indice des rapports désorganisateurs et voleurs de temps est l'emploi abusif d'adverbes, appliqué à soi ou aux autres (« tout », « rien », « toujours », « jamais », « encore »).

13.3 - « Ben ouais mais… »
(La résistance au changement)

**Le plus souvent, la résistance au changement n'est pas un acte réfléchi, ni une opposition frontale.
Il faut savoir la détecter avant qu'elle ne se cristallise pas en une opposition, frontale ou cachée.**

	Résistances	Mesures
1	Lutte de pouvoirs. Cloisons érigées entre services et entre personnes. Rétention d'information. Besoin de faire passer la forme avant le fond. Titromanie	Intervenir au niveau Direction Générale. Instaurer une prise de décision en équipe.
2	Méconnaissance de la situation et des enjeux. Ignorance des buts et des objectifs. Faiblesse de l'orientation vers les clients internes et externes.	Intervenir au niveau Direction Générale + niveau de blocage. Identifier les lieux et les médias permettant à la direction d'expliquer les enjeux.
3	Conceptions surannées (« On a toujours fait ça »). Conscience professionnelle forte, mais crainte de l'innovation par peur de ne pas être capable de la maîtriser.	Intervenir au niveau du blocage. Vérifier les niveaux de compétence.
4	Soumission à des comportements dictés par un vécu (éducation, société, hérédité, histoire personnelle). Besoins affectifs. Avoir peur de faire quelque chose qui déplaise	Intervenir au niveau personnel. Rompre le rituel du « bon gars ». Favoriser une orientation vers les procédures plutôt que vers les personnes.

LES SEPT CONSEILS

1 – L'erreur du tout ou rien. Le succès total est hors de portée. Aussi longtemps que l'entreprise reste solvable, les problèmes peuvent être maîtrisés, les obstacles surmontés, et le pire évité.

2 – La souplesse de raisonnement. Étudier les diverses solutions suppose que l'on garde constamment à l'esprit la question « Que faire si… ? »

3 – Le danger du perfectionnisme. Chercher des décisions parfaites ne présente aucun intérêt. La clé du succès réside dans l'élaboration d'une décision qui procurera un avantage, même léger, sur la concurrence ; et que l'on mettra en œuvre au moment opportun.

4 – Relativiser l'importance des détails. Même les dirigeants compétents, bien informés et doués d'esprit analytique, ont parfois une fâcheuse tendance à vouloir perfectionner les moindres détails, ce qui les incite à poursuivre les analyses par refus d'émettre un jugement décisif. Il existe un moyen d'atténuer cette résistance à la prise de décision. Il faut noter chaque point d'incertitude, évaluer sa probabilité de réalisation, et déterminer l'impact éventuel sur le résultat global, si les événements incertains ou mal connus devaient tous produire des effets négatifs. Le plus souvent il apparaît que ces retombées n'affecteraient pas sensiblement le résultat global.

5 – Identifier les facteurs-clés. Le perfectionnisme doit être cultivé, non pas dans l'élaboration de la décision, mais dans l'identification des facteurs-clés de réussite. C'est la concentration des facteurs-clés de réussite qui détermine l'orientation majeure de la réflexion.

6 – Remettre en cause les contraintes. Une fois les obstacles clairement définis, on peut passer à la question suivante : « Quelles sont les options qui seraient ouvertes si ces contraintes étaient abolies ? ». Les obstacles, qui semblaient insurmontables au départ, apparaîtront alors sous un jour différent. La réflexion peut alors se concentrer sur les moyens de lever ces obstacles.
Lorsqu'il n'existe pas, à l'intérieur d'une organisation, de vision commune de l'objectif idéal et des obstacles qui empêchent de l'atteindre, l'énergie des responsables se disperse, entravant tout progrès vers la résolution des problèmes.

7 – Une vision unifiée et positive. La performance d'une entreprise ressemble à une course d'aviron. Quelle que soit la vigueur de chacun des rameurs, si le capitaine ne donne pas la bonne direction, l'équipe ne peut l'emporter. A l'inverse, même lorsque le barreur est un navigateur accompli, la victoire ne peut être acquise que si l'équipe rame à l'unisson.

(Kenichi Ohmae, *Le génie du stratège*, Ed Dunod Paris, 1991)